Arduino met Geike

Leer Arduino in 10 makkelijke oefeningen

YvesHanoulle en Geike Hanoulle

Arduino met Geike

Leer Arduino in 10 makkelijke oefeningen

YvesHanoulle en Geike Hanoulle

ISBN 9789082826265

Leanpub

Dit is een Leanpub boek. Leanpub stelt auteurs en uitgevers in staat om volgens het Lean uitgeefproces te werken. Lean Publishing is het uitgeven van een boek dat nog onderhanden is met lichtgewicht gereedschap en vele iteraties om feedback te krijgen van de lezers. Op deze manier kun je aanpassingen maken tot je het juiste boek hebt, en als je zover bent helpt het om te zorgen dat je een positie krijgt in de markt.

Tweet over dit boek!

Gelieve YvesHanoulle en Geike Hanoulle te helpen door reclame te maken over het boek Twitter!

De voorgestelde tweet voor dit boek is:

Ik heb net Geike's Arduino workshop handleiding gekocht op @leanpub https://leanpub.com/ArduinoOefeningen/ #ArduinoOefeningen.

De voorgestelde hashtag voor dit boek is #ArduinoOefeningen.

Lees wat andere mensen over het boek zeggen door op deze link te klikken en op Twitter naar deze hashtag te zoeken:

#ArduinoOefeningen

Ook door deze auteurs

Boeken van YvesHanoulle

The Leadership Game

Who is agile in Nigeria?

Agile Testing Condensed Nederlands

Who is agile? Volume 1

Boeken van Geike Hanoulle

Arduino with Geike

Inhoudsopgave

INHOUDSOPGAVE

INHOUDSOPGAVE

Aanbevelingen

Heel leuk boek eigenlijk, vooral de tekstjes tussendoor zijn zalig (programmeren is fouten zoeken :)). Ik ben menig maal in de lach geschoten bij het lezen, gewéldig dus :) Met de uitbreidingen vind ik ook heel leuk en leerrijk gedaan. Vooral ook dat jullie naar het internet verwijzen om iets opgelost te krijgen. De leer-ervaring zit dik ok!

Nele Van Beveren

Ik zag Geike vorig jaar tijdens CoderDojo4Divas aan het werk en was erg onder de indruk! De uitgebreide handleiding vormde de ideale leidraad voor alle deelnemers om op een stapsgewijze manier Arduino te leren kennen. Samen met Geike's enthousiasme en behulpzaamheid werd dit een top workshop!

Roos Dumont

You are cool
Jade (deelneemster Geike's workshop Maker Faire 2019)

1

Mijn eerste ervaring met Arduino was heel leuk en mak-
kelijk met jouw boek. Goed gedaan.
Wout Uyttebroek (deelnemer Geike's workshop Maker
Faire 2019)

Kei tof gedaan, ik vond het leuk !
Lena (deelneemster Geike's workshop Maker Faire 2019)

Voorwoord

Hoi,

In dit mini-boekje gaan we aan de hand van een serie van oefeningen samen enkele mogelijkheden van Arduino ontdekken.

Achteraan deze handleiding staan moeilijker woorden uitgelegd in een woordenlijst. Als je nog nooit met Arduino hebt gewerkt, dan raad ik je aan deze lijst eens door te lezen voor je aan de oefeningen begint. (Het is natuurlijk jouw keuze hoe je wil leren.)

Programmeren wil vooral zeggen fouten zoeken. Speciaal om je daarbij te helpen, hebben we een hoofdstukje met tips om fouten te vinden.

Deze workshop bestaat uit 10 oefeningen. Elke oefening heeft het zelfde formaat:

- opgave
- benodigdheden
- aansluiting
- code
- uitbreiding

Bij de uitbreiding geven we een uitdaging zonder dat de oplossing hier bij staat.
De oplossing staat wel in de handleiding, het deel met die oplossingen krijg je pas na de workshop. De bedoeling is dat je deze delen zelf kan oplossen. Zo ben je beter voorbereid op de rest van de oefeningen.

Om je te helpen tijdens de oefeningen, kan je best je code veel
bewaren.
Wat ik altijd doe, is aan het begin van een oefening (of
uitbreiding), een kopie maken van de code.
Met andere woorden bewaren als oefening1.ino en uitbrei-
ding1.ino. En terwijl ik bezig ben met de oefening regelmatig
bewaren en op het einde van de oefening nog eens bewaren
met die naam. (Je kan ook oefening1_Begin.ino en oefening1_-
Einde.ino gebruiken)
Doordat ik dat doe kan ik altijd terugkeren naar de code van
die oefening.

Vragen stellen

Programmeren is niet gemakkelijk. Zelf de allerslimste programmeurs zitten regelmatig vast. Ze zoeken dan hulp bij
elkaar, of programmeren met twee (PairProgramming) of
zoeken hulp op het internet. Dus als je het niet onmiddellijk
weet, dan wil dat niet zeggen dat je dom bent. Dat wil zeggen
dat je iets aan het leren bent. Mensen die programmeren
zijn altijd aan het leren. Mensen die programmeren maken
meestal iets dat nog niet bestaat. Dat wil zeggen dat je als
programmeur regelmatig denkt: verdorie ik weet het niet. De

slimste programmeurs vragen heel veel hulp. Want door hulp te vragen, leren ze iets bij.

Ik hoop dat je even veel plezier hebt met Arduino te leren als ik.

Groetjes

Geike Hanoulle

Opzetten

Voor we beginnen met de oefeningen, moeten we ook onze werkomgeving opzetten.

Op CoderDojo4Divas[1] en Maker Faire Gent[2] is dat voor jou gebeurd.

In dit hoofdstuk leg ik uit hoe dat gebeurd is, zodat je thuis hetzelfde kan doen.

Sluit de Arduino aan op een USB poort van je PC.

USB Poort

De twee poorten in de gele cirkel zijn USB poorten. De onderste van de twee is in dit geval ook een andere soort poort. De aansluiting in het groene vierkant is een HDMI poort, dit kan je gebruiken om je computer op een extern scherm aan te sluiten. (En hebben we nu dus niet nodig.)

---

[1]http://www.coderdojo4divas.be/nl/
[2]https://www.makerfairegent.be/geikes-arduino-workshop-zo

Via de USB poort krijgt de Arduino stroom ("voeding") uit de PC. Als de Arduino stroom krijgt, gaat een lichtje branden. Dit lichtje is de voedings-LED, en is meestal groen. Deze voedings-LED moet continu branden.

Bij het opstarten kan op de Arduino nog een tweede LEDje gaan branden (meestal oranje). Misschien knippert dat wel. Dat is de LED die aan pin 13 hangt. En die LED gaan we met code aansturen.

Arduino IDE voorkeuren

Pas de Arduino IDE "voorkeuren" aan als volgt:

- klik Bestand>Voorkeuren (of File>Preferences)
- er gaat een keuzevenster open.
- Kies Taal (Editor language) Nederlands
- Zet de editor lettergrootte (font size) op 16 of groter,
- vink "regelnummers weergeven" (Display line numbers) aan.
- bevestig met OK
- Sluit de IDE (het Arduino programma) terug af en open het opnieuw.

de PC-Arduino verbinding

Nu nog aan de PC vertellen welke Arduino is aangesloten, en op welke USB poort:

- klik Hulpmiddelen> Board: kies Arduino/Genuino Uno
- klik Hulpmiddelen>Poort> en klik de USB poort aan die oplicht(met vermelding van je Uno)

De luidspreker

Luidsprekers

De luidspreker die ik kocht die kan direct gebruikt worden, we hebben geen weerstand nodig om die aan te sluiten.
Wel heb ik aan de luidsprekers nog een jumperdraad gesoldeerd.
Omdat de jumperdraad zeer dun was, heb ik na het solderen de draad ook vast geplakt op de luidspreker. Zodat er minder kans was dat deze losgeraakte.
Maakt de luidspreker teveel kabaal naar je zin, dan kan je altijd één van de luidsprekerdraden via een weerstandje aansluiten. Hoe hoger de weerstandswaarde, hoe minder de stroom en ... hoe stiller de luidspreker.

Achteraan deze handleiding vind je de lijst met materiaal dat ik in dit boekje gebruik. Met daarbij ook de nodige website adressen om ze aan te kopen.

Oefening een: lichtje op de Arduino laten branden

Opgave:

In de eerste opdracht gaan we het lichtje op de Arduino laten branden.

- 1 seconden aan (Aangezien een Arduino in milliseconden denkt, is dat dus 1.000 milliseconden.)
- 1.000 milliseconden uit

Benodigdheden:

- computer
- Arduino
- USB kabel

Aansluiten:

In deze eerste oefening moeten we enkel de Arduino aan de computer aansluiten. Dit doen we met de USB kabel.

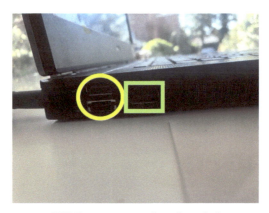

USB Poort staat in de gele cirkel

Code:

Als je de Arduino IDE opent, dan krijg je dit "leeg" script (Het programma met de code in Arduino noemen ze een sketch of schets) te zien.

Leeg Script

```
1  void setup() {
2    // put your setup code here, to run once:
3  }
4
5  void loop() {
6    // put your main code here, to run repeatedly:
7  }
```

Indien niet, ga je naar het menu Bestand, en dan naar de optie Nieuw.

In het lege script zien we twee regels staan die beginnen met //

In de programmeertaal voor Arduino gebruiken we // om te zeggen dat het vervolg van de regel commentaar is. Met andere woorden: wat volgt op // wordt overgeslagen, en niet omgezet in code voor de Arduino. Maar enkel voor die ene regel.

Commentaar

```
1   // Commentaar schrijven we om uit te leggen,
2   // wat we willen doen in het vervolg van de code.
3   // Goede commentaar is moeilijk te schrijven.
4   // Goede commentaar legt uit:
5   //     * wat we willen doen, en waarom
6   //     * niet hoe we het doen.
7   // Als je goede commentaar schrijft, zal het
8   // je helpen als je veel later je code terug
9   // probeert te lezen.
10
11  void setup() {
12    // Hier komt de code, die uitgevoerd
13    // wordt bij het starten van de Arduino
14  }
15
16  // Het commando loop wil zeggen dat de
17  // code daarbinnen herhaalt wordt.
18  void loop() {
19    // Hier komt de code van ons programma
20
21  }
```

Om de interne LED te laten branden moeten we drie dingen doen.

- we gaan twee variabelen definiëren: voor een pinnummer en voor een aantal milliseconden.

De interne LED is verbonden met pin 13.

- we moeten zeggen dat deze pin stroom moet uitsturen (naar de LED), en dus een uitvoerpin moet
  worden.

(Bij de opstart van een Arduino staan alle pinnen als
invoerpin, en die kunnen geen stroom uitsturen).

- we zetten de pin hoog, wachten 1 seconde, en zetten
  de pin terug laag.

(Als de pin hoog staat, vloeit er stroom uit de pin naar de
LED, en maakt de LED licht.)

Terwijl je de onderliggende code schrijft is het aan te raden
om af en toe de code na te kijken via de optie verifiëren.

Uploaden pijtje

Als je het vinkje aanklikt wordt je schets vertaald in eentjes
en nulletjes (het compileren). Die eentjes en nulletjes zijn de
enige dingen die elke computer begrijpt. (En ja een Arduino is
misschien niet groot hij is wel een echte computer. Wist je dat

een Arduino een zwaardere computer is, als de computer die gebruikt werd om naar de maan te vliegen.) Loopt de vertaling mis wegens "taalfouten" in je schets, dan krijg je onderaan een foutmelding met uitleg die verwijst naar het regelnummer. De fout staat op die regel, of soms op een regel erboven.

```
expected ',' or ';' before 'void'          Foutmeldingen kopiëren
exit status 1
expected ',' or ';' before 'void'
```

Error Message

Oplossing oefening een

```
1   const int ArduinoLichtjePin = 13;
2   const int TijdAan = 1000;
3   const int TijdUit = 1000;
4
5   void setup() {
6     // We zetten de pin in de uitvoer stand
7     pinMode(ArduinoLichtjePin, OUTPUT);
8   }
9
10  void loop() {
11    // We zetten het lichtje aan
12    digitalWrite(ArduinoLichtjePin, HIGH);
13    // We wachten een seconde
14    delay(TijdAan);
15    // We zetten het lichtje uit
16    digitalWrite(ArduinoLichtjePin, LOW);
17   // We wachten een seconde
18    delay(TijdUit);
19  }
```

Nadat je dit hebt geschreven, moet je dit installeren op je Arduino.
Dat doe je via het menu Schets(Sketch) en dan de optie Uploaden (Upload).
Of via het pijltje dat in de tekening hier onder in een geel vierkantje staat.

Uploaden pijtje

Als je het pijltje aanklikt wordt je schets vertaald en daarna naar de Arduino doorgestuurd. Als dat gebeurd is, begint de Arduino je schets meteen uit te voeren. De schets is dan opgeslagen in de Arduino, en zal ook worden uitgevoerd als de Arduino niet meer aan de PC hangt, maar bij voorbeeld uit een batterijtje wordt gevoed. Zonder voeding gaat het niet (jij toch ook niet?..).

Een beetje uitleg:

• Een lijn code sluiten we af met;

Elke programmeertaal heeft zijn eigen syntax. Net zoals Frans, Nederlands of Engels anders spellingsregels hebben. De Arduino programmeertaal verwacht dat je een lijn code afsluit met een ; . Als je dat vergeet, zal hij dat meestal pas zien bij de volgende instructie. Maw bij het verifiëren is dat een voorbeeld waar de fout verwijst naar de volgende lijn code. Een beetje zoals die vervelende juffrouw die je vraagt: "Heb je goed nagelezen?" Je weet dat ze een fout heeft gezien, maar ze wil je niet vertellen waar. Heel irritant.

* int ArduinoLichtjePin = 13;

"int" gebruiken we om een geheel getal (integer of nummer variabele) te declareren. Dat wil zeggen dat we plaats maken in het Arduino geheugen voor een getal zonder komma. Om dat getal te kunnen terugvinden wijst "ArduinoLichtjePin" naar die geheugenplaats. Met het "=" teken stoppen we de waarde 13 op die plaats in het geheugen. Met deze regel code spreken we af dat "ArduinoLichtjePin" de waarde 13 heeft.
We gebruiken een variabele, omdat in de code "Arduino-LichtjePin" duidelijker is dan "13".
En pin 13 is voor de meeste Arduino's de pin waaraan een LEDje op het bord is verbonden. We kunnen dit LEDje doen oplichten door pin 13 hoog te zetten.

* const

Er zijn twee soorten variabelen in een programma.
De variabelen die wel kunnen wijzigen, definiëren we door enkel "int" te schrijven.
Echter er zijn ook variabelen die in een programma niet mogen wijzigen.
In dit geval, de pin die stroom moet krijgen zal altijd dezelfde zijn, omdat het Arduino bord niet wijzigt. En ook later als we een draad verbinden met een bord, zal die pin niet mogen wijzigen in code. Dat zijn zogenaamde constanten. En dan typen we "const" voor de "int". (Zie bij

de oplossing van Oefening een, de eerst drie regels voor een paar voorbeelden.)

- pinMode(ArduinoLichtjePin, OUTPUT);

Hier zeggen we dat de pin met nummer ArduinoLichtje-Pin (dat is dus 13), uitvoer is. (OUTPUT is het Engelse woord voor uitvoer.)
Woorden in hoofdletters, noemen we constanten, en hebben in Arduino een vastgemaakte betekenis (Typisch door Arduino bepaald.)

- digitalWrite(ArduinoLichtjePin, HIGH);

We schrijven naar de pin met nummer ArduinoLichtjePin (aka 13) de waarde "HIGH".
Wat wil zeggen dat het lichtje aan mag.

- delay(TijdAan);

We wachten (Delay is engels voor wachten) TijdAan. En TijdAan was gezet op 1.000
Dat was 1000 milliseconden, maw we wachten een seconde.

- void

Dit is een woord dat we gebruiken voor een functie die geen waarde terug geeft.

Er bestaat ook functies die iets terug geven: dan zal er in plaats van void het type staan van wat de functie teruggeeft. (bvb int) Dat soort functies gaan we niet gebruiken in deze workshop.

- loop()

Zodra de functie "setup" is voltooid, begint de functie "loop". En deze functie blijft zich telkens weer herhalen (loop is Engels voor lus)

Mogelijke fouten:

- De definitie van de variabelen staat in de setup ipv daarvoor.
- Vergeten om op het einde van een lijn een ; te zetten.
- Hoofdletters en kleine letters zijn belangrijk. Als je een variabele aanmaakt met Hoofdletters moet je die ook zo gebruiken in je programma.

Om het jezelf makkelijk te maken, kan je best één zelfde manier van hoofd en kleine letters gebruiken in je volledige programma.

In dit boek gebruiken we een hoofdletter voor de eerste letter van een woord bij variabelen.

Zoals TijdAan of ArduinoLichtjePin,

Uitbreiding:

Wat zou je moeten aanpassen zodat het lichtje dubbel zo lang aanblijft als uit is?

De oplossing van uitbreiding een staat achteraan in het boek.

Oefening twee: een LED lichtje laten branden

Opgave:

In deze opdracht gaan we een los groen LED lichtje laten knipperen.

- één seconde groen lichtje aan.
- één seconde groen lichtje uit.

Benodigdheden:

We gaan elke keer enkel de nieuwe benodigdheden vermelden.

- Breadbord (prikbordje)
- groen LED lampje
- groene jumpdraad (draadje met "prikkers")
- zwarte jumpdraad
- weerstand 220 Ohm (kleurringen rood/rood/bruin/- of rood/rood/zwart/zwart/-)

Aansluiten:

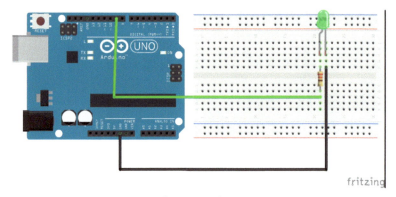

Aansluiting Oefening 2

Zoals je op de tekening kan zien, verbinden we pin 9, via een 220 OHM weerstand, met de lange poot (Anode) van een groen LED lichtje.

Groen LED lichtje met langere linker poot.

We gebruiken daarvoor een breadbord. Een breadbord zorgt ervoor dat je draadjes kan verbinden zonder dat je ze moet aan elkaar solderen. Bij een breadbord zijn de gaatjes in het midden per vijf in kolommen met elkaar verbonden. De buitenste twee lange rijen gaatjes zijn in twee rijen (blauw en rood) verbonden.

Als je de prikker van een jumperdraad in een gaatje van een breadbord steekt, kan je verbinden met het LED lichtje door een pootje van de LED in een gaatje van dezelfde kolom te prikken.

Nadat je Arduino PIN 9 via de weerstand met de lange poot van de LED hebt verbonden, moet je de korte LED poot verbinden met de GND van de Arduino. Je kan daar alle kleuren jumpdraad voor gebruiken, maar ik gebruik het liefst een zwarte draad voor verbindingen met GND. Dat maakt het makkelijker om de schakeling te begrijpen als ze uitgebreider wordt.

Code:

Oefening twee

```
1   const int GroenLedLichtjePin = 9;
2   const int TijdAan = 1000;
3   const int TijdUit = 1000;
4
5   void setup() {
6     // We zetten de pin in de uitvoer stand
7     pinMode(GroenLedLichtjePin, OUTPUT);
8   }
9
10  void loop() {
11    // We zetten het lichtje aan
12    digitalWrite(GroenLedLichtjePin,HIGH);
13    // We wachten een seconde
```

```
14   delay(TijdAan);
15   // We zetten het lichtje uit
16   digitalWrite(GroenLedLichtjePin, LOW);
17   // We wachten een seconde
18   delay(TijdUit);
19   }
```

Mogelijke fouten:

- Let op dat je een weerstand van 220 Ohm gebruikt en niet 220K OHM, die laatste blokkeert te veel stroom en dan brandt je LED lichtje niet.
- Het kan ook zijn dat je het LED lampje verkeerd hebt aangesloten. Als het geen licht geeft, probeer eens met het LED lampje andersom aan te sluiten.
- Een tweede mogelijke aansluitingsfout is als je de poten van de LED per ongeluk in dezelfde rij steekt, dan geeft dat een kortsluiting. (En werkt het LED lampje dus niet.)

Uitbreiding:

Wat zou je moeten aanpassen zodat het LEDje op pin 8 zit?

De oplossing van uitbreiding twee staat achteraan in het boek.

Oefening drie: Arduino lichtje en LED afwisselen

Opgave:

In deze opdracht wisselen we het Arduino lichtje en het LED lichtje af.

10.000 milliseconden laten we Arduino lichtje aan.
1.000 milliseconden laten we het groene LED oplichten.

Benodigdheden:

Geen nieuwe benodigdheden.

Aansluiten:

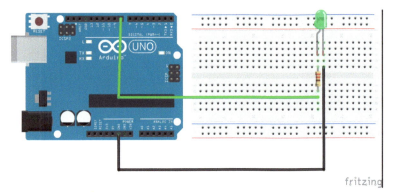

Aansluiting Oefening 3

Dit is de aansluiting zoals we ze bij de uitbreiding van oefening twee deden.

Code:

Oefening drie

```
1   const int ArduinoLichtjePin = 13;
2   const int GroenLedLichtjePin = 8;
3   const int TijdArduino = 10000;
4   const int TijdGroen = 1000;
5
6   void setup() {
7     // We zetten de pins in de uitvoer stand
8     pinMode(GroenLedLichtjePin, OUTPUT);
9     pinMode(ArduinoLichtjePin, OUTPUT);
10  }
11
```

```
12  void loop() {
13    // We zetten het Arduino lichtje aan en
14    // het groen lichtje uit.
15    digitalWrite(ArduinoLichtjePin,HIGH);
16    digitalWrite(GroenLedLichtjePin, LOW);
17    // We wachten tien seconden
18    delay(TijdArduino);
19    // We zetten het Arduino lichtje uit en
20    // het groen lichtje aan.
21    digitalWrite(ArduinoLichtjePin,LOW);
22    digitalWrite(GroenLedLichtjePin, HIGH);
23   // We wachten een seconde
24    delay(TijdGroen);
25  }
```

Uitbreiding:

Wat zou je moeten aanpassen zodat tussen de twee lichtjes er een pauze is van 2.000 milliseconden?

De oplossing van uitbreiding drie staat achteraan in het boek.

Oefening vier: rood lichtje

Opgave:

We starten vanaf de situatie van de uitbreiding drie.
In deze opdracht voegen we een rood LED lichtje toe op pin
10. We laten de aansluiting van het groene lichtje zitten. (En
gebruiken dat niet in het programma.) We doen deze kleine
tussen stap, zodat we zeker zijn dat onze aansluiting werkt.
En in de code passen we enkel het pinnummer aan, zodat we
pin 10 gebruiken ipv pin 8.

Benodigdheden:

De nieuwe benodigdheden voor oefening vier zijn:

- rood LED lampje
- rode jumperdraad
- twee nieuwe zwarte jumperdraden
- weerstand 220 Ohm

Aansluiten:

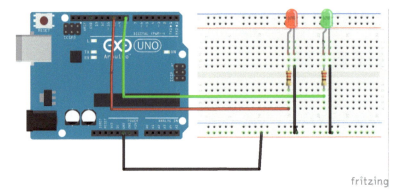

Aansluiting Oefening 4

De buitenste twee gaatjesrijen, aan de lange zijden van een breadbord, zijn over de lengte van het board met elkaar verbonden. Zodat we slechts een jumperdraad met de GND moeten verbinden. Afspraak is dat we een blauwe gaatjesrij gebruiken voor GND. (En ook een rode gaatjesrij voor de +5V voeding). Op het breadbord, verbinden we die gaatjesrij dan met beide led's.

Code:

Oefening vier

```
1   //const int GroenLedLichtjePin = 8;
2   const int RoodLedLichtjePin = 10;
3   const int ArduinoLichtjePin = 13;
4
5   const int TijdArduino = 10000;
6   //const int TijdGroen = 1000;
7   const int TijdRood = 1000;
8   const int TijdWachten = 2000;
9
10  void setup() {
11    // We zetten de pins in de uitvoer stand
12    pinMode(RoodLedLichtjePin, OUTPUT);
13    pinMode(ArduinoLichtjePin, OUTPUT);
14  }
15
16  void loop() {
17    // We zetten het Arduino lichtje aan en
18    // het rood lichtje uit.
19    digitalWrite(ArduinoLichtjePin,HIGH);
20    digitalWrite(RoodLedLichtjePin, LOW);
21    // We wachten tien seconden
22    delay(TijdArduino);
23
24  // We zetten beide lichtjes uit.
25    digitalWrite(ArduinoLichtjePin,LOW);
26    digitalWrite(RoodLedLichtjePin, LOW);
27
28    // We wachten twee seconden
29    delay(TijdWachten);
30
31    // We zetten het rood lichtje aan
32    digitalWrite(RoodLedLichtjePin, HIGH);
```

```
33
34    // We wachten een seconde
35    delay(TijdRood);
36  }
```

Je ziet dat de variabelen voor het groene LED lichtje nog in onze code staan. Ik heb die coderegels in commentaar gezet, zodat ze niet werken. Ik wou deze regels niet wegdoen omdat we ze straks terug nodig gaan hebben. Dat was natuurlijk niet verplicht. Als je deze regels hebt weg gedaan, dan geeft het eigenlijk mooiere code.

Uitbreiding:

In deze uitbreiding moet je er voor zorgen dat er geen wachttijd meer is tussen het Arduino lichtje en de rode LED.

De oplossing van uitbreiding vier staat achteraan in het boek.

Oefening vijf: rood en groen

Opgave:

In deze opdracht wisselen we het groen LED lichtje af met een rood LED lichtje.
Een beetje zoals een voetgangerslicht werkt bij een verkeerslicht. We moeten dan ook dubbel zo lang wachten als we tijd hebben om over te steken. (Autos krijgen om een of andere reden meer tijd om te rijden...)

- 10 seconden groen LED lichtje aan.
- 20 seconden rood LED lichtje aan.

Benodigdheden:

We hebben geen nieuwe benodigdheden voor oefening vijf nodig.

Aansluiten:

De aansluitingen van oefening vijf en die van oefening vier zijn ook dezelfde.

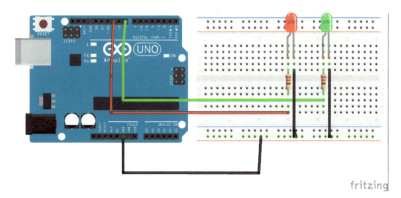

Aansluiting Oefening 4 en 5

Code:

Oefening vijf

```
1   const int GroenLedLichtjePin = 8;
2   const int RoodLedLichtjePin = 10;
3   //const int ArduinoLichtjePin = 13;
4
5   //const int TijdArduino = 10000;
6   const int TijdGroen = 10000;
7   const int TijdRood = 20000;
8
9   void setup() {
10    // We zetten de pins in de uitvoer stand
11    pinMode(RoodLedLichtjePin, OUTPUT);
12    pinMode(GroenLedLichtjePin, OUTPUT);
13  }
14
15  void loop() {
16    // We zetten het groen lichtje aan en
17    // het rood lichtje uit.
```

```
18    digitalWrite(GroenLedLichtjePin,HIGH);
19    digitalWrite(RoodLedLichtjePin, LOW);
20
21    // We wachten tien seconden
22    delay(TijdGroen);
23
24    // We zetten het groen lichtje uit en
25    // het rood lichtje aan.
26    digitalWrite(GroenLedLichtjePin,LOW);
27    digitalWrite(RoodLedLichtjePin, HIGH);
28
29    // We wachten twintig seconden
30    delay(TijdRood);
31  }
```

Uitbreiding:

Wat zou je moeten aanpassen zodat het rood lichtje een willekeurige (random) tijd aanblijft?

Tip: Zoek op het internet de combinatie van Arduino en random. Of gebruik het (engelstalige) naslagwerk dat mee met de Arduino software is geinstalleerd. Je vindt dit via het Help menu en dan Naslagwerk.

Het naslagwerk opent met een "woordenlijst". Elk woord kan je aanklikken voor meer uitleg. Wat we zoeken staat in de rechter kolom onderaan, onder Random Numbers.

Als dit niet lukt op jouw computer, staat de engelse woordenlijst ook online.[3]

De oplossing van uitbreiding vijf staat achteraan in het boek.

---

[3]https://www.arduino.cc/reference/en/language/functions/random-numbers/random/

Oefening zes: een geel lichtje

Opgave:

In deze opdracht voegen we ook een gele LED toe. In deze oefening negeren we even het groene licht. En we zorgen dus dat het gele LED licht en het rode LED licht afwisselt.
(Zoals je merkt, proberen we elke keer zo weinig mogelijk te wijzigen en willen we zo snel mogelijk onze wijzigingen testen.)

Benodigdheden:

We hebben volgend materiaal extra nodig:

- geel LED lampje
- gele jumperdraad
- zwarte jumperdraad
- weerstand 220 Ohm

Aansluiten:

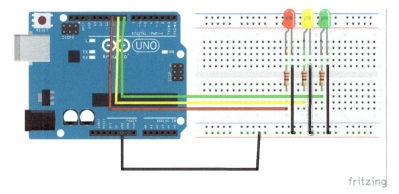

Aansluiting Oefening 6

Code:

Oefening zes

```
1   const int GroenLedLichtjePin = 8;
2   const int GeelLedLichtjePin = 9;
3   const int RoodLedLichtjePin = 10;
4
5   const int TijdGroen = 10000;
6   const int TijdGeel = 10000;
7   //const int TijdRood = 20000;
8
9   const int MinRandom=100;
10  const int MaxRandom=10000;
11  long RandomTijd;
12
13  void setup() {
14    // We zetten de pins in de uitvoer stand
```

```
15    pinMode(RoodLedLichtjePin, OUTPUT);
16    pinMode(GeelLedLichtjePin, OUTPUT);
17    pinMode(GroenLedLichtjePin, OUTPUT);
18    randomSeed(analogRead(0));
19    }
20
21    void loop() {
22      // We zetten het geel lichtje aan en
23      // het rood lichtje uit.
24      digitalWrite(GeelLedLichtjePin,HIGH);
25      digitalWrite(RoodLedLichtjePin, LOW);
26
27      // We wachten tien seconden
28      delay(TijdGeel);
29
30      // We zetten het groen lichtje uit en
31      // het rood lichtje aan.
32      digitalWrite(GeelLedLichtjePin,LOW);
33      digitalWrite(RoodLedLichtjePin, HIGH);
34
35      // We berekenen een willekeurige tijd voor het rod\
36    e
37      // licht. Deze random tijd ligt tussen MinRandom
38      // en MaxRandom. Het is alsof het rood blijft,
39      // tot er een auto langs komt.
40      RandomTijd = random( MinRandom, MaxRandom);
41      delay(RandomTijd);
42    }
```

Uitbreiding:

In deze uitbreiding moet je de random functionaliteit uit de oefening verwijderen.

De oplossing van uitbreiding zes staat achteraan in het boek.

Oefening zeven: een verkeerslicht

Opgave:

In deze opdracht wisselen we rood, geel en groen af.

20 seconden op groen
5 seconden op geel
20 seconden op rood

Benodigdheden:

Geen nieuwe benodigdheden.

Aansluiten:

Zelfde aansluiting van oefening zes.

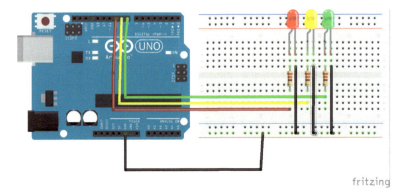

Aansluiting Oefening 6 & 7

Code:

Oefening zeven

```
 1   const int GroenLedLichtjePin = 8;
 2   const int GeelLedLichtjePin = 9;
 3   const int RoodLedLichtjePin = 10;
 4
 5   const int TijdGroen = 20000;
 6   const int TijdGeel = 5000;
 7   const int TijdRood = 20000;
 8
 9   void setup() {
10     // We zetten de pins in de uitvoer stand
11     pinMode(RoodLedLichtjePin, OUTPUT);
12     pinMode(GeelLedLichtjePin, OUTPUT);
13     pinMode(GroenLedLichtjePin, OUTPUT);
14   }
15
16   void loop() {
17     // We zetten het groen lichtje aan en
```

```
18    // het rode & gele lichtje uit.
19    digitalWrite(GroenLedLichtjePin,HIGH);
20    digitalWrite(GeelLedLichtjePin, LOW);
21    digitalWrite(RoodLedLichtjePin, LOW);
22
23    // We wachten 20 seconden
24    delay(TijdGroen);
25
26    // We zetten het geel lichtje aan en
27    // het rode & groene lichtje uit.
28    digitalWrite(GroenLedLichtjePin, LOW);
29    digitalWrite(GeelLedLichtjePin, HIGH);
30    digitalWrite(RoodLedLichtjePin, LOW);
31
32    // We wachten 5 seconden
33    delay(TijdGeel);
34
35    // We zetten het rood lichtje aan en
36    // het gele & groene lichtje uit.
37    digitalWrite(GroenLedLichtjePin, LOW);
38    digitalWrite(GeelLedLichtjePin, LOW);
39    digitalWrite(RoodLedLichtjePin, HIGH);
40
41   // We wachten twintig seconden
42   delay(TijdRood);
43  }
```

Uitbreiding:

In deze uitbreiding, is het de bedoeling dat je het gele lichtje laat knipperen tijdens de wachttijd.

De oplossing van uitbreiding zeven staat achteraan in het boek.

Oefening acht: drukknop

Opgave:

In deze opdracht voegen we een drukknop toe.

Standaard groen licht.
Als er op de knop gedrukt wordt, dan gaat de gele LED knipperen.
Nadien 10.000 milliseconden op rood.

Dan gaat het groen terug aan.

Benodigdheden:

- drukknop
- oranje jumperdraad
- blauwe jumperdraad
- zwarte jumperdraad
- weerstand 220 ohm

Aansluiten:

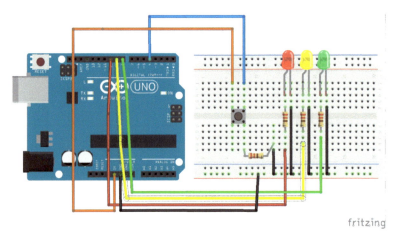

Aansluiting Oefening 8

Code:

Oefening acht

```
const int KnopPin = 4;

const int GroenLedLichtjePin = 8;
const int GeelLedLichtjePin = 9;
const int RoodLedLichtjePin = 10;

const int TijdGroen = 20000;
const int TijdGeel = 1000;
const int TijdRood = 10000;

int KnopStatus = 0;

void setup() {
```

```
14    // We zetten de pins in de uitvoer stand
15    pinMode(RoodLedLichtjePin, OUTPUT);
16    pinMode(GeelLedLichtjePin, OUTPUT);
17    pinMode(GroenLedLichtjePin, OUTPUT);
18    pinMode(KnopPin, INPUT);
19  }
20
21  void loop() {
22    // We zetten het groen lichtje aan en
23    //het rode & gele lichtje uit.
24    digitalWrite(GroenLedLichtjePin,HIGH);
25    digitalWrite(GeelLedLichtjePin, LOW);
26    digitalWrite(RoodLedLichtjePin, LOW);
27
28    KnopStatus = digitalRead(KnopPin);
29
30    if (KnopStatus == HIGH) {
31      // We zetten het geel lichtje aan en
32      // het rode & groene lichtje uit.
33      digitalWrite(GroenLedLichtjePin, LOW);
34      digitalWrite(GeelLedLichtjePin, HIGH);
35      digitalWrite(RoodLedLichtjePin, LOW);
36
37      // Knipperen
38      delay(TijdGeel);
39      digitalWrite(GeelLedLichtjePin, LOW);
40      delay(TijdGeel);
41      digitalWrite(GeelLedLichtjePin, HIGH);
42      delay(TijdGeel);
43      digitalWrite(GeelLedLichtjePin, LOW);
44      delay(TijdGeel);
45      digitalWrite(GeelLedLichtjePin, HIGH);
46      delay(TijdGeel);
```

```
47
48    // We zetten het rood lichtje aan en
49    // het gele & groene lichtje uit.
50    digitalWrite(GroenLedLichtjePin, LOW);
51    digitalWrite(GeelLedLichtjePin, LOW);
52    digitalWrite(RoodLedLichtjePin, HIGH);
53
54    // We wachten tien seconden
55    delay(TijdRood);
56  }
57 }
```

IF

In de code hebben we gebruik gemaakt van **if**.
Na een if staat er een voorwaarde tussen haakjes.
Een voorwaarde kan juist of fout zijn. (In het Engels **true**
of **false**)
Als de voorwaarde juist is, dan wordt de code uitgevoerd
die tussen de accolades staat.

Er is ook een **else** die uitgevoerd wordt als de voorwaarde
in de if "fout" is. (En zoals je in onderliggende code kan
zien, is er ook een **else if**. Ik denk dat je zelf wel weet wat
dit wil zeggen.)

if else

```
1   if (voorwaarde een)
2   {
3     // doe code een
4   }
5   else if (voorwaarde twee)
6   {
7     // doe code twee
8   }
9   else
10  {
11    // doe code drie
12  }
```

Mogelijke fouten:

- Het oranje draadje van de drukknop moet op de Arduino verbonden zijn met 5V, niet met GND.
- Bij de drukknop moeten de vier pinnen, twee aan twee evenwijdig met de lange zijden van het breadbord zijn verbonden. Als dit niet duidelijk is, draai de drukknop eens een kwart slag. (Het maakt niet uit of je de drukknop naar links of rechts draait.)

Uitbreiding:

Geen uitbreiding voor deze oefening.

Oefening negen: geluid

Opgave:

In deze opdracht voegen we een luidspreker toe.
Terwijl het rode licht aanstaat, zal er een geluid klinken (440 hertz)

Benodigdheden:

We hebben enkel een luidspreker nodig voor deze oefening.

- luidspreker
- zwarte jumperdraad
- witte jumperdraad

Aansluiten:

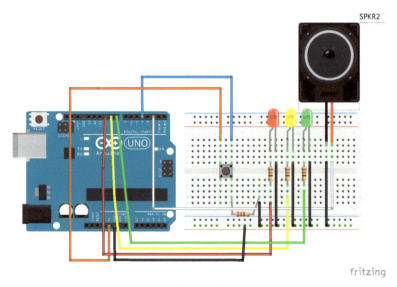

Aansluiting Oefening 9

Code:

Uitbreiding:

Bij deze uitbreiding is het de bedoeling dat je het geluid laat afwisselen tussen 960 hertz en 770 hertz. De periode voor een geluid moet 1,3 seconden zijn.

De oplossing van uitbreiding negen staat achteraan in het boek.

Oefening tien: voetgangerslicht

Opgave:

In deze opdracht gaan we naast het verkeerslicht een voetgangerslicht toevoegen.

Denk even na hoe een verkeerslicht en een voetgangerslicht samenwerken.

Het voetgangerslicht bestaat uit een rode en groene LED.

Voor deze oefening, is het de bedoeling dat je zelf alles uitzoekt.

Benodigdheden:

Voor deze grotere oefening hebben we direct heel wat extra materiaal nodig:

- groen LED lampje
- groene jumperdraad
- twee zwarte jumperdraden
- rode LED lampje
- rode jumperdraad
- twee weerstanden 220 ohm

Uitbreiding:

Aangezien we geen oplossing geven voor deze oefening, is de volledige oefening tien de uitbreiding. In de oplossing van de uitbreiding kan je de aansluiting vinden.

De oplossing van uitbreiding tien staat achteraan in het boek.

Woordenlijst

- Arduino

Een Arduino uno

Een Arduino is een goedkope mini computer. Dit platform is bedoeld voor hobbyisten, artiesten, kunstenaars.

- Arduino IDE

De Arduino IDE

De Arduino kan worden geprogrammeerd door middel van de Arduino IDE. Deze software maakt het gemakkelijk om eigen code te schrijven en die te uploaden naar een Arduino. Een programma gemaakt in de Arduino IDE heet een "sketch" of schets. De Arduino IDE is open source en kan gratis gedownload worden op de site van Arduino[4].

• Arduino pinnen.

---

[4]https://www.arduino.cc/

De pinnen op een Arduino

Op een Arduino bordje hebben we pinnen. We noemen het pinnen, maar eigenlijk zijn het gaatjes waar je een pin kan insteken.
Er zijn verschillende soorten pinnen.

- 14 digitale pinnen in een Arduino. Dit zijn zowel invoer als uitvoer pinnen. (pinnen 0-13)
- 6 analoge invoerpinnen (0-5)
- 6 analoge uitvoerpinnen (3,5,6,9,10,11)

Al zijn dat eigenlijk digitale pinnen die je via een programma zegt om zich analoog te gedragen.

- Breadboard /breadbord

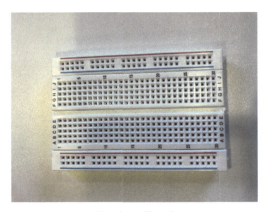

Een breadbord

Een breadbord zorgt ervoor dat je draadjes kan verbinden zonder dat je ze moet aan elkaar solderen. Bij een breadbord zijn de gaatjes in het midden per vijf in kolommen met elkaar verbonden. De buitenste twee lange rijen gaatjes zijn in twee rijen (blauw en rood) verbonden.

Als je de prikker van een jumperdraad in een gaatje van een breadbord steekt, kan je verbinden met het LED lichtje door een pootje van de LED in een gaatje van dezelfde kolom te prikken. Sommige mensen noemen een breadbord ook een prikbord.

- Jumperwires / Jumperdraden

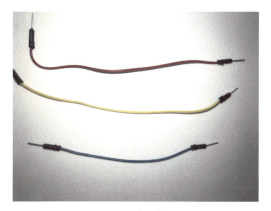

Jumperdraden

Er is geen verschil tussen de verschillende kleuren van jumperdraden. ze helpen enkel om te herkennen. Het is mogelijk dat
jij niet dezelfde kleuren hebt om de verbindingen te maken.
Dat is ok.

- LED

LED's

De LED lampjes hebben twee verschillende poten.
Een lange poot (+) ook anode genoemd en korte poot (-) ook
kathode genoemd.

- Multimeter

Een multimeter

Met een multimeter kan je de elektrische waarden zoals
spanning, stroom en weerstand meten. Hoe je die multimeter
kan gebruiken, wordt uitgelegd in de paragraaf multimeter.

- Milliseconden

Er gaan duizend milliseconden in 1 seconde, zoals er 1000
millimeter gaan in 1 meter.
Als je tijd doorgeeft aan de Arduino, dan moet je dat in
milliseconden doen.

- Variabele

Een variabele is een soort van doos waar we een getal kunnen
insteken, we kunnen kijken wat er in zit, er bij doen of

uit nemen, en de inhoud veranderen.Variabelen krijgen een plaats in het geheugen van de Arduino. Er zijn kleine en grote dozen. De kleinste, een "byte", neemt 8 bit plaats. Daar kan je 1 letterteken in stoppen, of een getal tussen 0 en 255. Voor grotere getallen heb je meer bits nodig: in een "int" (16 bit) kan een getal tussen -32,768 en 32,767. Je geeft elke variabele in je code een naam (anders vind je die "doos" niet terug!). De naam moet met een letter beginnen. Kies de naam goed, zodat je later nog weet waarvoor je die doos wou gebruiken.

- Weerstand

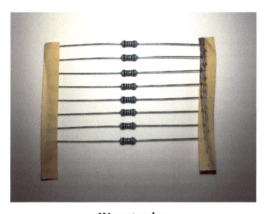

Weerstanden

Soms is de elektriciteit die een Arduino doorgeeft, te krachtig voor bepaalde onderdelen zoals de LED lampjes. Als dat het geval is, dan gebruiken we een weerstand om te zorgen dat de stroom belemmerd wordt. Er bestaan verschillende soorten weerstanden, die meer of minder stroom doorlaten.

Hoe je die weerstand kan berekenen, wordt uitgelegd in de weerstand paragraaf

Fouten Vinden

Programmeren is vooral fouten maken.

Iets schrijven waarvan je zeker bent dat het werkt.
Proberen. Het werkt niet
Iets veranderen. Het werkt niet.
Nog iets veranderen. Het werkt nog niet agghh !!!!
Een hele tijd later...
Aha nu werkt het wel. Waarom?

Foutjes vinden

In dit hoofdstukje staan tips over wat je fout kan doen.

Er zijn twee soorten programmeer fouten. Bij syntax fouten, begrijpt de Arduino niet wat je zegt. Syntax fouten zijn spellings fouten voor de computer. Een computer is een beetje als een leerkracht Nederlands, als er een spellingfout is, dan slaat zij tilt en begrijpt zij je programma niet.

Je kan syntax fouten vinden door je programma te verifiëren.
Dat doe je door op een knop te duwen die op een vinkje lijkt.

Verifieren

Als er syntax fouten zijn, dan krijg je onderaan een fout
boodschap.

expected ',' or ';' before 'void'   Foutmeldingen kopiëren

exit status 1
expected ',' or ';' before 'void'

Fout boodschap

In de code zie je ook een lijn die aangeduid is.

```
2  int EenSeconde = 1000
3
4 void setup() {
5
```

Lijn vier is aangeduid in het roze.

Kijk eens goed naar de fout boodschap. En kijk nu naar de
code. Zie je de fout?
De boodschap van de computer is vreemd. Hij zegt dat hij een
";" mist. Die fout is echter niet op lijn vier, wel op lijn twee.
De computer zegt dat voor de opdracht 'void', de vorige lijn
afgesloten moet worden met een ";". De computer weet dat er
een fout is en hij merkt het pas op lijn vier. Vandaar lijn vier.

Daarnaast heb je ook logische fouten. Dat is een fout waar je een computer iets vraagt wat hij snapt, en waar je hem eigenlijk iets anders had moeten vragen. Bijvoorbeeld je vraagt hem om twee getallen op te tellen, terwijl je ze eigenlijk had moeten vermenigvuldigen. De uitkomst is fout, doch de computer kan dat niet weten.

Angie Jones
@techgirl1908

👋 Hi, I'm Angie. I've been coding for 20 years. I just coded an infinite loop and it took me a good 15 minutes to figure out why the process wasn't completing 🤡

3:06 AM · Oct 6, 2019 · Twitter Web App

92 Retweets   **1.3K** Likes

Ervaren ontwikkelaars maken ook fouten

Een lijst van mogelijke syntax fouten

- Vergeten om op het einde van een lijn een ; te zetten.
- de definitie van de variabelen, staan in de setup(fout) ipv daarvoor(juist).
- Hoofdletters en kleine letters zijn belangrijk. Als je een variabele aanmaakt met Hoofdletters moet je die ook zo gebruiken in je programma.
- Vergeten van een accolade: voor elke {, moet er in je programma een } staan.
- Bij functies zoals **if** gebruiken we { en } om aan te duiden welk stuk code enkel mag uitgevoerd worden als de

voorwaarde in de if correct is. Als je geen {} gebruikt, dan wordt enkel de eerst volgende lijn uitgevoerd onder de voorwaarden van de if. De volgende lijnen code worden dan altijd uitgevoerd.

Aansluit fouten

Bij Arduino heb je ook nog een derde soort fout: aansluit fouten.

- een kabeltje zit in het verkeerde pinnetje op de Arduino.
- iets zit niet in de juiste rij op het breadbord.
- je gebruikte een foutieve weerstand.

Weerstanden

Soms is de electriciteit die een Arduino doorgeeft, te krachtig voor bepaalde onderdelen zoals de LED lampjes. Als dat het geval is, dan gebruiken we een weerstand om te zorgen dat de stroom belemmerd wordt. Er bestaan verschillende soorten weerstanden, die meer of minder stroom doorlaten. Een weerstand heeft altijd een paar gekleurde ringen.
Samen geven deze ringen de waarde van de weerstand weer volgens deze tabel.

Kleur	1e	2e	3e	Multiplier	Tolerance
Zwart	0	0	0	1 OHM	
Bruin	1	1	1	10 OHM	+/- 1%
Rood	2	2	2	100 OHM	+/- 2%
Oranje	3	3	3	1.000 OHM	
Oranje	3	3	3	1 kOHM	
Geel	4	4	4	10 kOHM	
Groen	5	5	5	100 kOHM	+/- 0,5%
Blauw	6	6	6	1 MOHM	+/- 0,25%
Paars	7	7	7	10 MOHM	+/- 0,1%
Grijs	8	8	8	100 MOHM	+/- 0,05%
Wit	9	9	9	1 GOHM	
Goud				0,1 OHM	+/- 5%
Zilver				0,01 OHM	+/- 10%

We gebruiken in deze workshop voornamelijk een 220 OHM. Bij wijze van oefening proberen we deze te herkennen.

Bij een vierband:
ring 1: rood ⇒ 2

ring 2: rood ⇒ 2
ring 3 niet
Multiplier: bruin ⇒ 10 OHM
Tolerance: goud ⇒ +/- 5%
Dat geeft dus 2 2 * 10 OHM =⇒ 220 OHM met 5% tolerantie

Bij een vijf band:
ring 1: rood ⇒ 2
ring 2: rood ⇒ 2
ring 3: zwart ⇒ 0
Multiplier: zwart ⇒ 1 OHM
Tolerance: bruin ⇒ +/- 2%
Dat geeft dus 2 2 0 * 1 OHM =⇒ 220 OHM met 2% tolerantie

Een hoge weerstandswaarde betekent dat de stroom moeilijker doorheen de weerstand gaat. Bij een vaste spanning, b.v.
5 Volt van de Arduino, loopt door een hogere weerstand dus
minder stroom.

Multimeter

Multimeter

Met een multimeter kan je de elektrische waarden zoals spanning, stroom en weerstand meten.

Meten	Waarde	Afk
Spanning	Volt	V
Stroom	ampère	A
Weerstand	ohm	Ω

Voor de Arduino gaan we enkel weerstanden meten.
Op de foto zie je een digitale multimeter.
Daar heb je volgende standen op.

Meetbereik	Stand
0 tot 200 Ω	200
200 Ω tot 2k Ω	2k
2k Ω tot 20k Ω	20k
20k Ω tot 200k Ω	200k
200k Ω tot 2M Ω	2M

In de oefeningen gebruiken we een weerstand van 220 Ω.

Bij de multimeter zitten twee draden, een zwarte en een rode draad, met telkens een meetpen eraan.
De zwarte draad verbind je met COM.
De rode draad met de klem V/ Ω (OHM).
Zorg ervoor dat de draden niet door elkaar geraken.

Zet de multimeter op de stand 2000 (2K).
Zoals de tabel toont, meten we dan waarden tussen 200 en 2000 ohm.
Kleinere waarden meet je zo ook, maar minder nauwkeurig, omdat je minder cijfers van het display gebruikt.
Is de waarde groter dan 2K, b.v. omdat je nog geen weerstand hebt aangesloten, dan toont het display meestal enkel een 1 uiterst links.
Om een weerstand te meten, moet je elk "pootje" van de weerstand met een van de meetpennen verbinden.
Dat kan "handenvrij" met (krokodil)klemmetjes, maar heb je die niet dan doe je het zo:
Neem een meetpen in elke hand, de pen op je wijsvinger. En klem dan met je duimen de weerstand op de pennetjes.
Aan de ene kant van de weerstand klem je het rode pennetje, en aan de andere kant van de weerstand klem je het zwarte pennetje.
De multimeter legt een lage spanning aan om de weerstand te meten, maar die is zo laag dat je er niets van voelt.

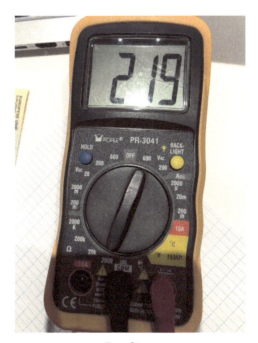

Resultaat

Heb je de juiste weerstand gevonden (220 Ohm, gemerkt met rood rood zwart zwart -) dan zal het resultaat een getal zijn dat dicht bij de 220 ligt.

CoderDojo

Bij CoderDojo kunnen meisjes en jongens van 7 t/m 18 jaar leren programmeren. Dit wordt helemaal gratis verzorgd door vrijwilligers!

Ben je ouder? Kom dan helpen bij een Dojo of start jouw eigen CoderDojo!

Visie

Als regionale organisatie voor België zijn wij het centrale platform dat alle Belgische stakeholders van CoderDojo verbindt, zowel tussen de moederstichting (CoderDojo Foundation) in Ierland en de Dojo's in België als tussen de Belgische Dojo's onderling. Ook voor derde partijen zoals sponsors, partners of overheidsinstellingen is CoderDojo Belgium de verbindende factor.

Missie

CoderDojo Belgium ondersteunt de community in België door het faciliteren van communicatie tussen de Dojo's, het voorzien van de nodige omkadering voor reeds bestaande Dojo's, hulp bij het opzetten van een nieuwe Dojo en het bevorderen van de groei van CoderDojo in België in het algemeen. Met deze activiteiten zorgt CoderDojo Belgium ervoor dat de Dojo's in ons land een zo groot mogelijke impact hebben op de maatschappij.

CoderDojo is een wereldwijde non-profit beweging, opgezet door James Whelton en Bill Liao.

Het CoderDojo verhaal is begin 2011 begonnen op de school van James Whelton toen hij bekend werd met het hacken van de iPod Nano. Enkele jongere studenten vroegen hem of hij hen wilde leren programmeren. James richtte daarom een computerclubje op in zijn school, waar hij begon met lesgeven in de basis van HTML en CSS.
Later dat jaar ontmoette hij Bill Liao, een ondernemer die het project groter wilde maken. In juni 2011 werd de eerste CoderDojo gelanceerd in Cork. Het event was een groot succes en de populariteit van CoderDojo groeide snel. Kort daarna was ook de eerste Dojo in Dublin een feit. Door de beweging open source te maken werden er in een mum van tijd door heel Ierland CoderDojo's opgericht en later over de hele wereld!

CoderDojo Belgium organiseert regelmatig speciale Dojo's of events die net dat tikkeltje anders zijn dan onze maandelijkse Dojo's. Met deze speciale Dojo's proberen we een specifieke groep te bereiken of CoderDojo nog bekender te maken bij het grote publiek.

Hieronder een klein overzichtje van wat we de afgelopen jaren "on the side" hebben gedaan:

Coolest projects

Naar Iers voorbeeld organiseert CoderDojo Belgium sinds 2016 jaarlijks 'Coolest Projects'. Kinderen en jongeren tussen

7 en 18 jaar krijgen een podium om een eigen technologisch ontwerp voor te stellen aan het publiek. Bovendien maken deze jonge uitvinders kans op leuke prijzen. De nadruk ligt niet op winnen maar op meedoen. Elk technologisch project is welkom. Machines die Legoblokjes per kleur sorteren, grappige spelletjes in Scratch, muizenvallen die je SMS'en wanneer je een muis gevangen hebt,... Wie meedoet is sowieso al cool!

Ook voor bezoekers valt er heel wat te beleven op onze beurs. Naast de projecten van de deelnemers kan iedereen zich ook komen uitleven in onze tech hang-out. Tal van leuke snufjes zoals 3D-printers, een hololens, een heus FabLab op wielen en een 'Pepper' robot zorgen voor extra entertainment.

Coolest Projects is, zoals alle activiteiten van CoderDojo, volledig gratis.

Meer info op: http://www.coolestprojects.be

CoderDojo 4 Diva's

CoderDojo4Diva's is een jaarlijks evenement speciaal voor meisjes. We merken dat het grootste deel van onze deelnemers op gewone Dojo's nog altijd jongens zijn. Dat is jammer, want iedereen kan programmeren en meisjes vormen daarin geen uitzondering.

Daarom organiseren we een dojo speciaal voor hen en laten we een hele dag lang onze creativiteit los op computerspelletjes, elektronica en robots. Samen met onze junior-coaches tonen we dat programmeren cool is en dat er veel meer mogelijk is dan racespelletjes en shootergames. Beginner of gevorderd; verlegen of uitbundig; boekenwurm, sportfanaat of fashionista – op CoderDojo4Diva's zijn er géén drempels!

Meer info vind je op: www.coderdojo4divas.be

CliniCoders

CliniCoders, is een project waar langdurig zieke kinderen (in het ziekenhuis) de kans krijgen om te genieten van enkele uurtjes programmeerplezier. Dit project, dat opgestart werd met de steun van Telenet en X-care, gaat nu reeds door in de ziekenhuizen van UZ Antwerpen, UZ Gent en AZ Groeninge. In UZ Gasthuisberg organiseerden we een eerste pilootproject.

Tijdens CliniCoders worden de deelnemende kinderen begeleid door kinder-coaches, die op hun beurt bijgestaan worden door een volwassen lead coach. We doen dit om ook de sociale interactie tussen de deelnemers en de kinder-coaches te bevorderen.

Maker faire

Een feest!
Een evenement!
Een festival!

Een Maker Faire kan je het best omschrijven als een geschifte doe-het-zelf kermis waar alles kan én mag. Robotarmen, een vuurspuwende draak, een touwtjes-springende pinguïn, ... Je kan het niet gek genoeg bedenken of je komt het er tegen.

Het wordt dus in de eerste plaats een toonmoment voor creativiteit en vindingrijkheid met de coolste projecten en ideeën van het moment. Maar er zullen ook workshops, keynote speeches en Maker Faire comedy nights georganiseerd worden.

In Eindhoven en Rijsel bestaat al iets gelijkaardigs. Sinds mei 2019 ook in België.

Wat heeft Henk Rijckaert ermee te maken?

Henk Rijckaert is een maker. Meestal van comedy, soms van televisie en voor de rest van heel veel dingen in zijn werkkot. Getuige daarvan de wekelijkse Koterij video's op zijn YouTube-kanaal[5], dat intussen meer dan 16.000 subscribers heeft.

In zijn nieuwe comedyvoorstelling Maker, die in januari 2019 in première ging, breekt Henk een lans voor het make-it-yourself principe. Met groot enthousiasme vertelt hij over de kracht van uw eigen handen, over dingen uitvinden en maken.

Rijckaert gaat ver in het makerschap. Zo ver dat hij een maker festival organiseert: Maker Faire Gent. Het is een droom die hij al jaren koestert en die op 3, 4 en 5 mei 2019 werkelijkheid werd.

---

[5]https://www.youtube.com/user/henkrijckaert

Materiaallijst

- 1 Arduino uno
- 1 breadbord
- 18 jumperdraden
  - 9 zwarte
  - 3 rood
  - 2 groen
  - 1 orange
  - 1 blauw
  - 1 wit
  - 1 geel

- 5 gekleurde LEDs (2 rood, geel, 2 groen)
- 6 weerstanden van 220 Ohm
- 1 luidspreker
- 1 drukknop
- 1 USB kabel (usb A naar USB B)

De materiaal set die we gebruiken hebben we gekocht bij de webwinkel Gotron[6].

We kochten:

- Arduino UNO RV3 programmeerbord: Gotron Referentie A000066[7]

---

[6]http://www.gotron.be
[7]https://www.gotron.be/arduino-uno-rv3-programmeerbord.html

- Visaton miniatuur luidspreker 5cm (2") 1/2W 50 Ohm:
  Gotron Referentie K50FL-50[8]
- USB kabel V2.0 - USB A naar USB B - 1,8m: Gotron
  Referentie USBAB-1,8[9]

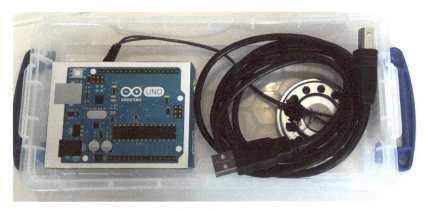

Arduino doos

- Set elektronische onderdelen voor Arduino: Gotron Referentie VMA503[10]

---

[8]https://www.gotron.be/licht-geluid/geluid/luidsprekers/mini-luidsprekers/
visaton-miniatuur-luidspreker-5cm-2-1-2w-50-ohm.html
[9]https://www.gotron.be/installatie/kabels/computer/usb/usb-kabel-v2-0-usb-a-
naar-usb-b-1-8m.html
[10]https://www.gotron.be/set-elektronische-onderdelen-voor-arduino.html

Extra Materiaal doos

Boekenlijst

Als je de oefeningen leuk vond, dat zijn deze boeken misschien ook iets voor jou.

- Arduino tutorial Open Garage[11], Anthony Liekens[12]
- 37 Natuurkunde Projecten met Arduino[13], Willem van Dreumel
- Arduino project handboek [14], Mark Geddes
- 50 mini microcontroller projecten[15], Willem Van Dreumel
- Arduino for dummies[16], John Nussey
- Getting started with Arduino[17], Massimo Banzi
- Arduino Projects for Dummies[18], Brock Craft (In het Engels)
- Iedereen kan solderen, zo doe je het zelf![19]

---

[11]http://wiki.opengarage.org/index.php/Arduino_tutorial
[12]https://twitter.com/aliekens
[13]https://www.bol.com/nl/p/37-natuurkunde-experimenten-met-arduino/9200000044378119/
[14]https://www.bol.com/nl/p/arduino-project-handboek/9200000060318152/
[15]https://www.bol.com/nl/p/50-mini-microcontroller-projecten-met-attiny-arduino/9200000028171840/
[16]https://www.bol.com/nl/p/arduino-voor-dummies/9200000057252017/
[17]https://www.amazon.com/gp/product/B0027HY20I/
[18]https://www.bol.com/nl/p/arduino-projects-for-dummies/9200000008967085/
[19]https://pbs.twimg.com/media/DCOItwxXcAEa-4I.png

Helpers

Dit boekje zou niet mogelijk zijn zonder de hulp van massa's mensen.

- Jan Vanwege: Jan is Arduino coach bij CoderDojo Gent[20]. Hij leerde mij (Geike) Arduino. Jan hielp ook bij het samenstellen van deze handleiding.
- Mijn mama Els Ryssen voor het testen van de handleiding. En me vragen te stellen tot ze het snapte (en ik leerde het goed uit te leggen.)
- Mijn neef Tijl Gyssels die de tekst nalas en tips gaf om teksten beter begrijpbaar te maken.
- Bij @CoderDojo Gent waren Leon Wardenaar, Seppe Heyvaert, Seppe Meilander, Wodan De Rave de eerste enthousiaste proefkonijnen van deze workshop. Ook hun feedback heb ik verwerkt.
- Nele Van Beveren gaf ons een aantal goede ideeën, waaronder het geniaal idee om commentaar in commentaar uit te leggen.
- Laura Dobbelaere gaf me een goed idee voor uitbreidingen, en wees me erop dat ik **IF** nog niet had uitgelegd. (Ze vond ook enkele bugs in de oefeningen.)
- Laura Dobbelaere, Lize Maton voor het mede faciliteren op CoderDojo4Divas in 2018.

---

[20]http://gent.coderdojoBelgium.be

Geike, Lize, Laura

- Dankzij Emme Dugardyn is het nu duidelijker dat LED lampjes twee verschillende benen hebben.
- Emme Dugardyn voor het mee faciliteren op Maker Faire Gent in 2019. (En de reclame die we samen maakten op Coolest Project 2019.)
- Simon van Elektronica voor jou[21] voor de tips over de Arduino richtlijnen.
- Bedankt Sari 2.0[22] voor de verbeteringen die je aan mijn papa doorstuurde.

---

[21]www.ElektronicaVoorJou.nl
[22]https://twitter.com/Sari2_0

Selfie van Geike & Emme op Maker Faire Gent

- We maakten gebruik van Fritzing[23] voor de mooie tekeningen van de schemas. Als je deze tekening nuttig vond, kan je hen steunen met wat centjes via hun website.

NEN DIKKE MERCI allemaal.

G

---

[23]http://fritzing.org/home/

Versies

Aangezien dit boekje zowel een e-boek en een paperback versie is, is de laatste versie van deze pagina beschikbaar online:

Versie & Errata[24]

- Versie 3: Errata en versie pagina toegevoegd. Ook 10 verbeteringen van Sari.
- Versie 2: foto's aangepast aan arduino richtlijnen. Foute aansluiting in uitbreiding 10 opgelost.
- Versie 1: Eerste versie

---

[24]https://www.hanoulle.be/book/arduinometgeike/

Uitbreiding een: lichtje dubbel zo lang laten branden

Opgave:

Wat zou je moeten aanpassen zodat het lichtje dubbel zo lang aanblijft als uit blijft.

Code:

Oplossing Uitbreiding

```
1  const int ArduinoLichtjePin = 13;
2  const int TijdAan = 2000;
3  const int TijdUit = 1000;
4
5  void setup() {
6    // We zetten de pin in de uitvoer stand
7    pinMode(ArduinoLichtjePin, OUTPUT);
8  }
9
10 void loop() {
11   // We zetten het lichtje aan
12   digitalWrite(ArduinoLichtjePin, HIGH);
13   // We wachten twee seconde
```

```
14    delay(TijdAan);
15    // We zetten het lichtje uit
16    digitalWrite(ArduinoLichtjePin, LOW);
17    // We wachten een seconde
18    delay(TijdUit);
19  }
```

Uitbreiding twee: led licht op pin 8

Opgave:

Wat zou je moeten aanpassen zodat het ledje knippert als je pin 8 gebruikt.

Aansluiten:

De groene jumperdraad moeten we versteken van pin 9 naar pin 8.

Code:

Oplossing Uitbreiding

```
1  const int GroenLedLichtjePin = 8;
2  const int TijdAan = 1000;
3  const int TijdUit = 1000;
4
5  void setup() {
6    // We zetten de pin in de uitvoer stand
7    pinMode(GroenLedLichtje, OUTPUT);
8  }
9
```

```
10   void loop() {
11     // We zetten het lichtje aan
12     digitalWrite(GroenLedLichtjePin,HIGH);
13     // We wachten een seconde
14     delay(TijdAan);
15     // We zetten het lichtje uit
16     digitalWrite(GroenLedLichtjePin, LOW);
17    // We wachten een seconde
18     delay(TijdUit);
19   }
```

Inderdaad deze uitbreiding is niet zo moeilijk. Doch test ze zeker op je Arduino. Het is belangrijk dat je deze stappen goed kent. En dat ze werken voor we naar een volgende stap gaan.

Uitbreiding drie: pauze tussen de lichtjes

Opgave:

Wat zou je moeten aanpassen zodat tussen de twee lichtjes er een pauze is van 2.000 milliseconden.

Aansluiten:

Geen wijzingen tov oefening drie.

Code:

Oplossing Uitbreiding

```
const int GroenLedLichtjePin = 8;
const int ArduinoLichtjePin = 13;

int TijdArduino = 10000;
int TijdGroen = 1000;
int TijdWachten = 2000;

void setup() {

  // We zetten de pins in de uitvoer stand
```

```
11   pinMode(GroenLedLichtjePin, OUTPUT);
12   pinMode(ArduinoLichtjePin, OUTPUT);
13 }
14
15 void loop() {
16   // We zetten het Arduino lichtje aan en groen lic\
17 htje uit.
18   digitalWrite(ArduinoLichtjePin,HIGH);
19   digitalWrite(GroenLedLichtjePin, LOW);
20   // We wachten tien seconden
21   delay(TijdArduino);
22
23   digitalWrite(ArduinoLichtjePin,LOW);
24   digitalWrite(GroenLedLichtjePin, LOW);
25
26   // We wachten twee seconden
27   delay(TijdWachten);
28
29   // We zetten het Arduino lichtje uit en groen lic\
30 htje aan
31   digitalWrite(GroenLedLichtjePin, HIGH);
32
33   // We wachten een seconde
34   delay(TijdGroen);
35 }
```

Hier merk je ook een onduidelijkheid in de opdracht. Is de pauze enkel nodig tussen de swap van het Arduino lichtje naar het groen lichtje of ook tussen het groen lichtje naar het Arduino lichtje?

Heb je die vraag gesteld (aan jezelf of de begeleider?) voor je aan de opdracht begon? Of heb je zelf onmiddellijk beslist dat

het deze of de andere de oplossing is.
Ook dat is programmeren, goed de vraag van je "klant" begrijpen.

Uitbreiding vier: wachttijd weghalen

Opgave:

Wat zou je moeten aanpassen om er voor te zorgen dat er geen wachttijd meer is tussen het Arduino lichtje en de rode LED.

Aansluiten:

Geen wijzigingen tov oefening vier.

Code:

Oplossing Uitbreiding

```
1  //const int GroenLedLichtjePin = 8;
2  const int RoodLedLichtjePin = 10;
3  const int ArduinoLichtjePin = 13;
4
5  const int TijdArduino = 10000;
6  //const int TijdGroen = 1000;
7  cont int TijdRood = 1000;
8
9  void setup() {
10     // We zetten de pins in de uitvoer stand
```

```
11   pinMode(RoodLedLichtjePin, OUTPUT);
12   pinMode(ArduinoLichtjePin, OUTPUT);
13 }
14
15 void loop() {
16   // We zetten het Arduino lichtje aan en
17   // het rode lichtje uit.
18   digitalWrite(ArduinoLichtjePin,HIGH);
19   digitalWrite(RoodLedLichtjePin, LOW);
20
21   // We wachten tien seconden
22   delay(TijdArduino);
23
24   // We zetten het Arduino lichtje uit en
25   // het rode lichtje aan
26   digitalWrite(ArduinoLichtjePin,LOW);
27   digitalWrite(RoodLedLichtjePin, HIGH);
28
29   // We wachten een seconde
30   delay(TijdRood);
31 }
```

Let op, het is niet enkel code die weg is, we hebben ook een lijn verplaatst.

Uitbreiding vijf: willekeurige tijd rood licht

Opgave:

Wat zou je moeten aanpassen zodat het rood lichtje een willekeurige (random) tijd aanblijft?

Zoek op het internet de combinatie van Arduino en random. Of gebruik het (engelstalige) naslagwerk dat mee met de Arduino software is geinstalleerd. Gebruik het menu Help Naslagwerk. Het Naslagwerk opent met een "woordenlijst". Elk woord kan je aanklikken voor meer uitleg. Wat we zoeken staat in de rechter kolom onderaan, onder Random Numbers. Als dit niet lukt op jouw computer, staat de engelse woordenlijst ook online.[25]

Tip:

Er zijn twee functies die we nodig hebben.

- randomSeed(analogRead(0));
- random(min, max);

---

[25]https://www.arduino.cc/reference/en/language/functions/random-numbers/random/

Computers hebben een probleem om echt willekeurig te zijn. Daarom gebruiken we de eerste functie om een soort initialisatie te maken van de random functie. T.t.z. de randomseed krijgt een nummer om echt willekeurig te zijn. We sturen deze functie een waarde die we lezen uit de pin een (Deze pin is nu met niets verbonden, en leest dus een soort ruis. En ruis is altijd willekeurig.)
De tweede functie geeft ons een willekeurige waarde die ligt tussen het minimum en maximum die we meegeven als parameters.

Aansluiten:

De aansluiting verandert niet.

Code:

Oplossing Uitbreiding

```
1   const int GroenLedLichtjePin = 8;
2   const int RoodLedLichtjePin = 10;
3   //const int ArduinoLichtjePin = 13;
4
5   //const int TijdArduino = 10000;
6   const int TijdGroen = 10000;
7   //const int TijdRood = 20000;
8
9   const int MinRandom=100;
10  const int MaxRandom=10000;
11
12  long RandomTijd;
```

```
13
14  void setup() {
15    // We zetten de pins in de uitvoer stand
16    pinMode(RoodLedLichtjePin, OUTPUT);
17    pinMode(GroenLedLichtjePin, OUTPUT);
18    randomSeed(analogRead(0));
19  }
20
21  void loop() {
22    // We zetten het groen lichtje aan en
23    // het rode lichtje uit.
24    digitalWrite(GroenLedLichtjePin,HIGH);
25    digitalWrite(RoodLedLichtjePin, LOW);
26
27    // We wachten tien seconden
28    delay(TijdGroen);
29
30    // We zetten het groen lichtje uit en
31    // het rode lichtje aan.
32    digitalWrite(GroenLedLichtjePin,LOW);
33    digitalWrite(RoodLedLichtjePin, HIGH);
34
35    // We berekenen de willekeurige tijd voor het
36    // rode licht.
37    // Deze tijd ligt tussen MinRandom en MaxRandom.
38
39    RandomTijd = random( MinRandom, MaxRandom);
40
41    delay(RandomTijd);
42  }
```

In deze code maken we gebruik van long. Long is een type

variabele net zoals int. Bij een int ligt de waarde tussen -32,768 en 32,767. Bij een long ligt de waarde tussen -2,147,483,648 en 2,147,483,647.
Omdat de random functie een long terug geeft, moeten we met een long werken. Omdat dit een groter getal is, is er dus veel meer willekeurigheid.

Het random gedeelte (regel 39 en regel 41), staat achteraan in de loop. Deze twee regels zouden ook tussen regel 21 en 22 kunnen staan. Dan beginnen we met een willekeurig tijd te wachten.

Dit was waarschijnlijk de moeilijkste uitbreiding, dus als je dit niet onmiddellijk kon, moet je niet te hard vloeken. Ik wou je even uitdagen.

Uitbreiding zes: willekeurige tijd verwijderen

Opgave:

In deze uitbreiding gaan we de random functionaliteit uit de oefening verwijderen.

Aansluiten:

De aansluiting veranderd niet.

Code:

Oplossing Uitbreiding

```
1   const int GroenLedLichtjePin = 8;
2   const int GeelLedLichtjePin = 9;
3   const int RoodLedLichtjePin = 10;
4
5   const int TijdGroen = 10000;
6   const int TijdGeel = 10000;
7   const int TijdRood = 20000;
8
9   void setup() {
10    // We zetten de pins in de uitvoer stand
11    pinMode(RoodLedLichtjePin, OUTPUT);
12    pinMode(GeelLedLichtjePin, OUTPUT);
13    pinMode(GroenLedLichtjePin, OUTPUT);
14  }
15
16  void loop() {
17    // We zetten het geel lichtje aan en
18    // het rode lichtje uit.
19    digitalWrite(GeelLedLichtjePin,HIGH);
20    digitalWrite(RoodLedLichtjePin, LOW);
21
22    // We wachten tien seconden
23    delay(TijdGeel);
24
25    // We zetten het groen lichtje uit en
26    // het rode lichtje aan.
27    digitalWrite(GeelLedLichtjePin,LOW);
28    digitalWrite(RoodLedLichtjePin, HIGH);
29
30    // We wachten 20 seconden
31    delay(TijdRood);
32  }
```

Uitbreiding zeven: knipperend geel licht

Opgave:

In deze uitbreiding, is het de bedoeling dat je het gele lichtje laat knipperen tijdens de wachttijd.

Aansluiten:

Geen wijzigingen in de aansluiting.

Code:

Oplossing Uitbreiding

```
1   const int GroenLedLichtjePin = 8;
2   const int GeelLedLichtjePin = 9;
3   const int RoodLedLichtjePin = 10;
4
5   const int TijdGroen = 20000;
6   const int TijdGeel = 1000;
7
8   const int TijdRood = 20000;
9
10  void setup() {
```

```
11    // We zetten de pins in de uitvoer stand
12    pinMode(RoodLedLichtjePin, OUTPUT);
13    pinMode(GeelLedLichtjePin, OUTPUT);
14    pinMode(GroenLedLichtjePin, OUTPUT);
15  }
16
17  void loop() {
18    // We zetten het groen lichtje aan en
19    // het rode & gele lichtje uit.
20    digitalWrite(GroenLedLichtjePin,HIGH);
21    digitalWrite(GeelLedLichtjePin, LOW);
22    digitalWrite(RoodLedLichtjePin, LOW);
23
24    // We wachten 20 seconden
25    delay(TijdGroen);
26
27    // We zetten het geel lichtje aan en
28    // het rode & groene lichtje uit.
29    digitalWrite(GroenLedLichtjePin, LOW);
30    digitalWrite(GeelLedLichtjePin, HIGH);
31    digitalWrite(RoodLedLichtjePin, LOW);
32
33    // Knipperen
34    delay(TijdGeel);
35    digitalWrite(GeelLedLichtjePin, LOW);
36    delay(TijdGeel);
37    digitalWrite(GeelLedLichtjePin, HIGH);
38    delay(TijdGeel);
39    digitalWrite(GeelLedLichtjePin, LOW);
40    delay(TijdGeel);
41    digitalWrite(GeelLedLichtjePin, HIGH);
42    delay(TijdGeel);
43
```

```
44    // We zetten het rood lichtje aan en
45    // het gele & groene lichtje uit.
46    digitalWrite(GroenLedLichtjePin, LOW);
47    digitalWrite(GeelLedLichtjePin, LOW);
48    digitalWrite(RoodLedLichtjePin, HIGH);
49
50    // We wachten twintig seconden
51    delay(TijdRood);
52  }
```

Uitbreiding negen: wisselend geluid

Opgave:

We laten het geluid afwisselen tussen 960 hertz en 770 hertz en dat telkens voor periodes van 1,3 seconden.

Aansluiten:

Geen wijziging aan de aansluiting.

Code:

Oplossing Uitbreiding

```
const int SpeakerPin = 2;
const int KnopPin = 4;
const int GroenLedLichtjePin = 8;
const int GeelLedLichtjePin = 9;
const int RoodLedLichtjePin = 10;

const int TijdGroen = 20000;
const int TijdGeel = 1000;
const int TijdRood = 10000;
const int TijdSpeaker = 1300;
```

```
11
12  //const int  StuttgartPitchFrequency  = 440;
13  const int  HighPitchFrequency  = 960;
14  const int  LowPitchFrequency  = 770;
15
16  int KnopStatus = 0;
17
18  void setup() {
19    // We zetten de pins in de uitvoer stand
20    pinMode(RoodLedLichtjePin, OUTPUT);
21    pinMode(GeelLedLichtjePin, OUTPUT);
22    pinMode(GroenLedLichtjePin, OUTPUT);
23    pinMode(SpeakerPin, OUTPUT);
24    pinMode(KnopPin, INPUT);
25  }
26
27  void loop() {
28    // We zetten het groen lichtje aan en rood
29    // & geel lichtje uit.
30    digitalWrite(GroenLedLichtjePin,HIGH);
31    digitalWrite(GeelLedLichtjePin, LOW);
32    digitalWrite(RoodLedLichtjePin, LOW);
33
34    KnopStatus = digitalRead(KnopPin);
35
36    if (KnopStatus == HIGH) {
37
38        // We zetten het geel lichtje aan en
39        // zetten rood & groen lichtje uit.
40        digitalWrite(GroenLedLichtjePin, LOW);
41        digitalWrite(GeelLedLichtjePin, HIGH);
42        digitalWrite(RoodLedLichtjePin, LOW);
43
```

```
44        // Knipperen
45        delay(TijdGeel);
46        digitalWrite(GeelLedLichtjePin, LOW);
47        delay(TijdGeel);
48        digitalWrite(GeelLedLichtjePin, HIGH);
49        delay(TijdGeel);
50        digitalWrite(GeelLedLichtjePin, LOW);
51        delay(TijdGeel);
52        digitalWrite(GeelLedLichtjePin, HIGH);
53        delay(TijdGeel);
54
55        // We zetten het rood lichtje aan en
56        // zetten het geel & groen lichtje uit.
57        digitalWrite(GroenLedLichtjePin, LOW);
58        digitalWrite(GeelLedLichtjePin, LOW);
59        digitalWrite(RoodLedLichtjePin, HIGH);
60
61        tone(SpeakerPin, HighPitchFrequency, TijdSpeaker)
62        // We wachten 1,3 seconden
63        delay(TijdSpeaker);
64        tone(SpeakerPin, LowPitchFrequency, TijdSpeaker)
65        // We wachten 1,3 seconden
66        delay(TijdSpeaker);
67        tone(SpeakerPin, HighPitchFrequency, TijdSpeaker)
68        // We wachten 1,3 seconden
69        delay(TijdSpeaker);
70        tone(SpeakerPin, LowPitchFrequency, TijdSpeaker)
71        // We wachten 1,3 seconden
72        delay(TijdSpeaker);
73        tone(SpeakerPin, HighPitchFrequency, TijdSpeaker)
74        // We wachten 1,3 seconden
75        delay(TijdSpeaker);
76        tone(SpeakerPin, LowPitchFrequency, TijdSpeaker)
```

```
77        // We wachten 1,3 seconden
78        delay(TijdSpeaker);
79        tone(SpeakerPin, HighPitchFrequency, TijdSpeaker)
80        // We wachten 1,3 seconden
81        delay(TijdSpeaker);
82        tone(SpeakerPin, LowPitchFrequency, TijdSpeaker)
83        // We wachten 1,3 seconden
84        delay(TijdSpeaker);
85        }
86  }
```

Uitbreiding tien: de volledige oefening

Opgave:

In deze opdracht gaan we naast het verkeerslicht een voetgangerslicht toevoegen.

Denk even na hoe een verkeerslicht en een voetgangerslicht samenwerken.

Het voetgangerslicht bestaat uit een rode en groene LED.

Om je toch een beetje op weg te helpen, hebben we hier de aansluiting.

Aansluiten:

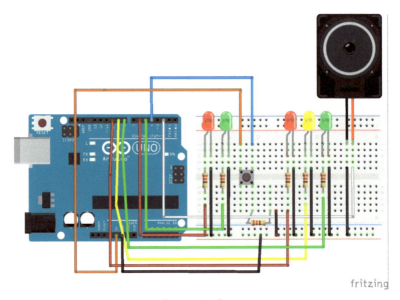

Aansluiting Oefening 10

Code:

Oh je dacht hier de code te vinden voor de oefening tien?
Sorry, ik denk dat je nu voldoende geleerd hebt om het zelf te vinden.

Ja, je bent nu een echte Arduino programmeur. En echte programmeurs moeten dus zelf nadenken hoe ze iets zullen programmeren.

Veel plezier.

Geike

Wie is Geike

Mijn naam is Geike Hanoulle.

Ik ben geboren in Gent (België) op oktober 12, 2007.
Mijn hobbies zijn dansen, scouts, lezen, programmeren en presentaties geven.

Als ik twee en een half jaar was, is mijn familie naar Bordeaux in Frankrijk verhuisd. Terwijl mijn broers naar een Franse school gingen, bleef ik de hele thuis bij mijn mama.

Als ik zeven was, ging ik naar CoderDojo in Gent en leerde ik programmeren in Scratch. Tijdens mijn negende jaar, leerde ik programmeren in Arduino.

Mijn eerste Nederlandse presentatie was samen met mijn gezin op BarCamp Ghent in 2011. Hoewel ik slechts een paar zinnen zei, hou ik van presenteren sinds dat moment.

Na twee keer te hebben deelgenomen aan de Dojo4Divas, hebben de organisatoren me gevraagd of ik ook een workshop wou faciliteren op het event in oktober 2018. Het boek dat je net gelezen hebt was de handleiding van deze workshop.

Mijn eerste Engels presentatie[26] was op AgileIndia in 2019. Het Engels dat ik toen sprak, leerde ik door naar YouTube te luisteren.

---

[26]https://www.youtube.com/watch?v=YAxUwZzlMJE